W0409791

Sandra Maiwald

Berühre meine Seele

Gedanken über Seelenfreundschaft

Libresso

KREUZ

Kein Weg ist zu lang oder zu weit mit einem Freund oder einer Freundin an der Seite.

Die verschiedenen Arten der Liebe

Füreinander bestimmt

Alle Menschen sind auf der Suche nach Liebe. Jeder Mensch hat auch die Chance zu einer besonderen Partnerschaft, wenn es ihm gelingt, seinen Seelenfreund oder seine Seelenfreundin zu finden – den Menschen, der sein ganzes Leben darauf wartet, ihm zu begegnen, und der ihm bestimmt ist.

Liebe heilt – und bricht uns das Herz

Liebe ist nicht nur schön, sondern auch problematisch. Wie merkwürdig, dass zwei Menschen, die sich über alles lieben und den „Himmel auf Erden“ bereiten wollen, einander oft schon nach kurzer Zeit das Herz brechen.

Unterschiedliche Arten der Liebe

Die Menschen im antiken Griechenland unterschieden drei Arten von Liebe: *Agape*, die spirituelle Liebe, *Philia*, die psychische Liebe, und *Eros*, die physische Liebe.

Agape, die spirituelle Liebe

In der Agape sind Liebe und Weisheit die höchste Form der Zuneigung, die reine Gottes- und Menschenliebe, die auch die Liebe zu allen Geschöpfen mit einschließt. Eine Liebe also, die völlig selbstlos, unerschöpflich und allumfassend ist, wie sie als unvergängliches Ideal in der Seele eines jeden Menschen lebt.

Eine absolut reine Liebe

In der reinen Gottes- und Menschenliebe treten alle irdischen Unterschiede zurück. Diese beglückende Einstellung nennt man symbolisch den „paradiesischen Zustand“. Ein kleines Kind liebt wirklich absolut rein und bedingungslos, indem es in seine Liebe alles mit einschließt und nichts ausgeschlossen lässt.

Der tiefste Grund jeder menschlichen Liebe

Nur wenn eine Beziehung in der spirituellen Liebe verankert ist, ist die Liebe wirklich das, was Friedrich Nietzsche treffend als „schenkende Liebe" bezeichnet hat. Eine solche reine Liebe ist niemals zwingend und fordernd, sondern befreiend und erlösend.

Mehr geben als nehmen

Die schenkende Liebe fragt nicht: „Wie werde ich glücklich?“ Sondern: „Wie kann ich beglücken? Nicht: „Was habe ich davon?“ Sondern: „Was kann ich geben?“

Liebe sucht Überein-stimmung

In einer solch geistig begründeten Liebesbeziehung lassen sich beide Partner ganz frei, beschenken sich gegenseitig immer wieder neu. Beides ist getragen und gesichert durch die vollkommene Übereinstimmung im Wesentlichen.

Philia, die psychische Liebe

In der psychischen Liebe herrscht das Gesetz der Parallelität, also der Anziehung des Gleichen oder Ähnlichen: Ich fühle mich zu dem Menschen hingezogen, der mir innerlich verwandt ist und mit dem ich in allen wesentlichen Dingen übereinstimme. Der „auf der gleichen Welle schwingt“.

Liebe im Gleichklang

Nur solche Menschen sind mir auf die Dauer sympathisch und interessant, die mir weder „auf die Nerven fallen“ noch langweilig werden. Meine Zuneigung aufgrund eines inneren Gleichklangs und einer vollständigen Harmonie ist weitgehend unabhängig vom Körperlichen im Allgemeinen und vom Geschlechtlichen im Besonderen.

Eros, die physische Liebe

Sie ist keineswegs nur geschlechtlich zu verstehen, denn auch die reine Sinnenfreude (etwa die Freude des Künstlers an schönen Farben und Formen, der Naturgenuss oder die Lust an Tanz und Bewegung) gehört zum Erotischen. Die heutige nur auf die Sexualität bezogene Bedeutung stimmt nicht mit dem ursprünglichen Sinn des Wortes überein.

Ohne Schuldgefühl und Vorwurf

Je „heißer" eine Beziehung ist und je stürmischer und häufiger die körperlichen Entspannungen sind, desto rascher stellt sich Abkühlung ein. Es ist völlig sinnlos, sich dann gegenseitig teils mit Schuldgefühlen, teils mit Vorwürfen zu quälen, denn diese Entwicklung ist geradezu zwangsläufig.

Das Wesen der Seelen-freundschaft

Der Gedanke der Seelen-freundschaft

Die Bezeichnung Seelenfreund leitet sich vom irischen Begriff *anam cara* ab und bedeutet „jemand, der meine Zelle teilt“. Ursprünglich waren Seelenfreunde nämlich Gefährten in einer Klosterzelle. Tagsüber beteten und arbeiteten sie zusammen, nachts schliefen sie in derselben schlichten Hütte. Der Seelenfreund war nicht nur ein Gefährte, mit dem man die Zelle teilte, sondern zugleich Mentor oder geistlicher Ratgeber.

Näher als ein Bruder oder eine Schwester

Durch dieses zwanglose, aber doch einflussreiche Netzwerk wurden im keltischen Christentum Glaube und Disziplin weitergegeben. Der Seelenfreund erteilte Lob oder Tadel, ganz wie es die Situation verlangte.

Die Idee geht bis auf König Salomo im biblischen Buch der Sprüche zurück: „Es gibt einen Freund, der dir näher ist als ein Bruder".

Bindung für ein ganzes Leben

Wohl niemand hat soviel Wert auf Seelenfreundschaft gelegt wie die Kelten. Es war für sie die ganz natürliche Art, ihr Christentum zu leben.

Die Bande einer Seelenfreundschaft hielten ein Leben lang.

Sich aufeinander verlassen

Die Qualität einer Beziehung zwischen Seelengefährten ist nicht leidenschaftlich, sondern eher von freundschaftlicher Intimität und stiller Vertrautheit geprägt. Man hat das Gefühl, dass man sich schon lange kennt. Man glaubt, sich gegenseitig Halt geben und aufeinander verlassen zu können.

Großes gegenseitiges Verstehen

Die Seelenfreundschaft zeichnet tiefes gegenseitiges Verstehen aus. Man kann sich auch nach einem Streit nicht lange böse sein. Man verurteilt den Freund nicht für etwas, aber man sagt ihm ehrlich, wie man es findet. Auch wenn sich Seelenfreunde lange Zeit aus den Augen verlieren, sind sie sich beim Wiedersehen so vertraut, als sei inzwischen keine Zeit vergangen.

Mehr sein als „nur“ Freunde

Eine feste Beziehung unterscheidet sich von einer guten Freundschaft durch das Verlangen, stets bei dem „Partner“ zu sein. Doch auch die tiefste Freundschaft hat nicht den hohen Grad an Verbindlichkeit und Verpflichtung wie die Liebe. Dafür kann ich allerdings mit mehreren Personen eine tiefe Freundschaft eingehen. Sexuelle Liebe ist kein Bestandteil der Seelenfreundschaft.

Keine Forderungen, keine Erwartungen

Meine Freundschaft lebt davon, dass ich keine Forderungen und Erwartungen an den anderen stelle. Dass ich nicht bestrebt bin, den anderen in irgendeiner Weise einschränken zu wollen. Die Freundschaft ergibt sich meistens von allein, ganz ohne irgendeine Absicht: Es ist einfach nur schön, die Zeit mit dem Freund oder der Freundin zu verbringen.

Eine tiefe Form der Freundschaft

Obwohl die Freundschaft als sehr angenehm empfunden werden kann, besteht immer noch Distanz: Jeder hat seine Grenzen, die er nicht überschreiten kann. Eine tiefe Freundschaft zwischen zwei Seelen ergibt sich, wenn wir die Oberfläche verlassen und zum Wahrhaftigen vorstoßen, wo unsere innersten und geheimsten Vorstellungen übereinstimmen.

Die Liebe meines Lebens

Mein Seelenfreund ist die große Liebe meines Lebens, der Mensch, an dessen Seite ich alles erreichen und in vollkommener Liebe und Harmonie leben kann – der Mensch, den ich mir in meinem Innersten schon immer erträumt habe, möglicherweise so tief in mir, dass ich mir dessen gar nicht bewusst bin.

Die Sehnsucht nach dem Seelenfreund oder der Seelenfreundin

Die Stunden des Alleinseins

Manchmal fühle ich mich unendlich einsam. In den Stunden des Alleinseins ist meine Sehnsucht am größten, mein Verlangen am brennendsten, von jemandem gesucht, gefunden und verstanden zu werden.

Die alten Muster aufgeben

Viele Menschen träumen davon, die Liebe ihres Lebens, ihre wahre Bestimmung zu finden. Sie suchen aber nur nach alten Mustern, also nur nach wechselnden Partnern, die einfach sehr viel leichter durch ihr Leben ziehen, da sie sich fast „automatisch“ einstellen.

Am Anfang steht die Sehnsucht

Ich sehne mich danach, für das, was ich bin, geliebt zu werden. Und nicht für das, was ich für andere tue. Ich sehne mich nach reiner, voraussetzungsloser Liebe, nach einer Liebe, die keine Bedingungen setzt. Diese Liebe hoffe ich mit einem Seelenpartner oder einer Seelenpartnerin zu finden.

Nicht warten, sondern offen sein

Ich warte nicht auf meinen Seelenpartner, aber ich bin offen für ihn und bereit, ihn zu treffen. In keiner Beziehung sind die Chancen so groß, mich zu entwickeln, wie in einer Seelenfreundschaft. Darum zeige ich mich bereit zu Entwicklung und Wachstum meiner Seele.

Aus tiefster Seele

Meine Sehnsucht nach einem Freund und Partner, der mich ganz versteht, kommt aus tiefster Seele. Aus meinem tiefsten Innern. Aus meinem Herzen. Aus meiner Mitte. Ich brauche ihn zum Leben, zum Wachsen und zum Lieben. Ohne ihn lebe ich mein Leben nur halb, kann ich nie ganz werden.

Was ich ersehne, bekomme ich

Wenn ich an Sex interessiert bin, werde ich Sex bekommen. Keine Liebe, keine Freundschaft. Wenn ich an Freundschaft interessiert bin, werde ich Freundschaft bekommen. Keinen Sex, keine Liebe. Wenn ich an Liebe interessiert bin, werde ich Liebe bekommen. Keine Freundschaft, keinen Sex.

Die Suche nach dem Seelenfreund oder der Seelenfreundin

Was der Verstand sucht und was das Herz sucht

Der Verstand sucht nach einer leichten Beziehung.

Das Herz sucht nach einem spirituellen Partner.

Sich selbst kennen, um andere zu erkennen

Die meisten Menschen finden ihren Seelenfreund – oder werden von ihm gefunden –, wenn sie *nicht* auf der Suche nach ihm sind. Ich kann jedoch einen Seelengefährten erst wirklich erkennen, wenn ich so weit bin. Ich muss mit mir selbst vertraut sein, um den Menschen zu erkennen, der für mich der oder die Richtige ist.

Wenn ich mich selbst liebe

Wenn ich mich selbst liebe, werde ich jemanden finden, der mich ebenso liebt. Wenn ich mich selbst nicht liebe, mich nicht ausstehen und nicht leiden kann, mich vielleicht sogar hasse, werde ich keinen Seelenfreund finden, der die Liebe in mir weckt und zum Blühen bringt.

Die Liebe zu mir selbst

Ein Seelenfreund begegnet mir zumeist dann, wenn ich bereit bin, mir selbst zu begegnen und mich zu lieben. Die „Liebe zu mir selbst“ ist der Schlüssel, sie spiegelt sich auch in Seelenfreundschaften wieder.

Suche nach der wahren Liebe

Jeder wird seinen Seelenpartner und seine wahre Liebe erst finden, wenn er für die wahre Liebe offen und empfänglich ist. Wenn er nicht mehr nach dem „passenden Deckel“ sucht, sondern es ihm gelingt, vollständig und eins mit sich selbst zu sein.

Das Erkennen des Seelenfreundes oder der Seelenfreundin

Wo ist mein Seelenfreund?

Aber wie finde ich meinen Seelenfreund? Und wo? Gibt es Gesetze, die Seelen zusammenführen? Der Seelenpartner ist mir immer von Anfang an vertraut – es scheint, als habe ich schon ein anderes Leben mit ihm verbracht. Verbindungen zweier Seelen sind immer sehr eng, vertraut und stark.

Warum finde ich ihn nicht?

Wie kommt es, dass ich meinen Seelenpartner nicht finde? Vielleicht bin ich emotional so an einen anderen Partner gebunden, dass ich meine Zwillingsseele nicht in mein Leben rufe. Möglicherweise möchte ich auch dem Seelenpartner gar nicht wirklich begegnen.

Eine Seele wieder finden

Seelenfreunde erleben oft ein Sich-wieder-Erkennen. Sie sind überzeugt, in einem neuen Leben, in einer neuen Gestalt eine Seele wiederzufinden, mit der sie einst etwas Schönes geteilt haben. Durch dieses besondere, innige Gefühl ist der andere ihnen sofort sympathisch.

Vertraut aus einem früheren Leben

Ein Seelenfreund ist jemand, mit dem ich aus tiefstem Herzen mein Leben teilen will. Seine Seele meine ich bereits aus einem früheren Leben zu kennen, da mich mit ihm ein tiefes Verstehen, ja eine „alte“, das heißt erprobte Freundschaft zu verbinden scheint.

Die vier Arten der „Chemie“

Zwischen Menschen bestehen im Wesentlichen vier Arten von „Chemie“: Die körperliche Chemie weckt Begehren. Die emotionale Chemie erzeugt Zuneigung. Die geistige Chemie weckt Interesse. Und die seelische Chemie erzeugt Liebe. Ein Seelenfreund besitzt alle vier.

Alle Vorstellungen werden übertroffen

Seelenpartner erkennen meist sofort ihre Seelenverwandtschaft: Die Harmonie, die von ihnen ausgeht, ist unübertroffen. Die Geborgenheit, die beide in ihrem Zusammensein empfinden, übersteigt alle Vorstellungen von Beziehung und Partnerschaft.

In Liebe loslassen

Treffe ich einen Menschen, den ich zu kennen meine, dessen Weg aber nicht zu meinem passt, sollte ich ihn in Liebe loslassen. Nur so kann ich gute Voraussetzungen schaffen, eines Tages den „Richtigen“ oder die „Richtige“ zu finden.

Wie erkenne ich einen Seelenfreund oder eine Seelenfreundin?

Wenn ich zwei oder drei der folgenden Fragen eindeutig mit Ja beantworten kann, dann habe ich möglicherweise einen Seelengefährten getroffen:

- Haben sich unsere Blicke getroffen, obwohl das Zimmer voller Menschen war?
- Habe ich das Gefühl eines spontanen Wiedererkennens?
- Habe ich eine überwältigende Zuneigung erlebt?

- Habe ich eine unerklärlich deutliche Abneigung verspürt?
- Wollte ich irgendwohin oder generell weglaufen?
- Hatte ich das Gefühl, unerbittlich wie von einem Magneten angezogen zu werden?
- Denke ich ständig an jemanden?
- Träume ich von jemandem?

- Stehe ich unter dem Zwang, mit diesem Menschen zusammen sein zu wollen, ganz gleich was passiert?
- Hatte ich das Gefühl, dass ein Teil von mir ging, wenn der andere mich eine Zeitlang alleine ließ?

Anzeichen für eine Seelenfreundschaft

- ❍ Ich liebe einen fremden Menschen auf den ersten Blick.
- ❍ Ich habe den Eindruck, ihn schon einmal irgendwo getroffen zu haben.
- ❍ Ich habe das Gefühl, dass ich ihn zutiefst verstehe, obwohl ich ihn gerade erst kennengelernt habe.

❍ Ich spüre, dass das Schicksal unsere Begegnung gewollt hat.

❍ Ich bin mir absolut sicher, dass dies der Partner oder die Partnerin ist, von dem oder der ich immer schon geträumt habe.

❍ Ich spüre im Zusammensein mit ihm eine ungeheure Energie, die mich regelrecht aus der Bahn wirft.

Die größte Romantik

Seelenfreundschaft ist etwas zutiefst Romantisches. Wenn ich das Wesen treffe, das mir die höchste Erfüllung des Herzens bringt, das mir höchste Harmonie und tiefste Liebe verheißt und erfüllt, will ich alles andere vergessen und alles stehen und liegen lassen, um ihm zu folgen.

Tiefste Herzens-berührung

Am Klang, an der Farbe, am Duft erkenne ich ein mir verwandtes Geschöpf und fühle mich unmittelbar zu ihm hingezogen. Auch wenn es völlig unterschiedlich zu mir scheinen mag. Ein Seelenverwandter rührt mich zutiefst in meinem Herzen.

Das Erkennen eines geliebten Wesens

Das ist die eigentliche Ursache der „Liebe auf den ersten Blick“: das Erkennen eines geliebten Wesens im Herzen. Doch muss mich nicht gleich beim ersten Blick, den ich mit meinem wahren Seelenpartner tausche, der große Blitz durchzucken. Manchmal erkenne ich erst im Nachhinein, dass mein Seelenpartner bei mir war, und ich habe ihn nicht erkannt.

Verbindung auf der geistigen Ebene

Doch es gibt keinen Grund zur Traurigkeit. Ob ich ihn erkenne oder nicht: Wir sind immer miteinander verbunden, weil zwischen uns eine Verbindung auf der geistigen Ebene besteht.

Die alles entscheidende Frage

Wenn ich deine Blicke auf mir ruhen spüre, dann kommt es mir so vor, als ob ich dich schon lange kenne. Kann es sein, dass mich deine Seele schon früher berührt hat?

Das Erleben der Liebe mit dem Seelenfreund oder der Seelenfreundin

Liebe ist auch ohne Verliebtsein möglich

Wenn ich mich verlieben will, kann es passieren, dass ich bei der Liebe nie ankomme. Verliebtsein ist keine notwendige Voraussetzung, um den Seelenpartner zu finden. Notwendig ist allein, *offen* für die Liebe zu sein.

Ich und Du – eine Symbiose

Ich kann meinen Seelenfreund nur finden, wenn ich mich selbst gefunden habe. Ich kann mit ihm nur glücklich sein, wenn ich mit mir selbst glücklich bin. Ich kann von ihm nur geliebt werden, wenn ich mich selbst liebe. Du und Ich sind untrennbar miteinander verbunden.

Nicht besitzen, sondern freigeben

Habe ich einen Seelenpartner gefunden, betrachte ich ihn nicht als Besitz, sondern gebe ihn und mich selbst frei. Damit dieses „Freigeben“ gelingt, ist es oft notwendig, zu mehr Offenheit zu finden. Wir können voneinander sehr viel lernen, wenn wir es möchten.

Die Vergangenheit zurücklassen

Mein Seelenfreund zwingt mich dazu, aus meinem altbekannten Muster und meinen eingeschliffenen Verhaltensweisen auszubrechen. Und den Kreislauf der Vergangenheit zu verlassen, damit wir beide uns weiterentwickeln können.

Eine Zeit gemeinsam gehen

Es gibt Menschen, die treffen in ihrem Leben nur *einen* echten Seelenpartner, manche jedoch auch mehrere, mit denen sie jeweils eine gewisse Zeit gemeinsam gehen. Und dann trennen sich die Lebenswege wieder. Oft haben Seelenfreunde aber auch eine gemeinsame Lebensaufgabe, die sie hier auf der Erde erfüllen möchten.

Die Kraft der Harmonie

Auch in den tiefsten Beziehungen gibt es Augenblicke, in denen jeder einsam ist. Doch wenn Seelenfreunde wirklich zueinander gefunden haben, entsteht ein harmonisches Kraftfeld, das beide Partner mit Energie versorgt. Die einzige Voraussetzung ist, dass beide das wollen.

Wer liebt, wächst

Nur wer geliebt wird, kann wachsen. Nur wer selbst liebt, wächst. Liebe und Wachstum sind ohne einander nicht möglich. Der Seelenpartner ist das einzigartige Geschenk, das mir gemacht wird, um lieben und wachsen zu können. Und ich bin sein Geschenk.

Mehr an Leben

Mein Seelenfreund soll mir helfen, dass mehr aus mir wird statt weniger. Dass mehr Liebe in die Welt kommt. Dass mehr Begeisterung mich ergreift. Dass mehr Wachstum möglich wird. Und ich will *für ihn* dieses „Mehr“ sein.

Die Anziehung der Seelen

Seelenfreundschaft unterliegt nicht der sexuellen Anziehung, sondern vielmehr der Anziehung der Seelen. Wie Yin und Yang. Ich erkenne, dass es sich um wahre Liebe handelt, sobald die Liebe nicht mehr triebgesteuert ist, sondern sich um etwas Wahreres, Größeres, Umfassenderes bemüht.

Die Liebe zu einem Seelenfreund

Der Sinn einer Liebesbeziehung besteht darin, den Blick auf die Liebe und nicht auf die Beziehung zu richten. Diese Liebe kommt aus dem Herzen, dem tiefsten Zentrum meines Wesens. Liebe ist ein Gefühl, ein Lichtstrahl, eine Gegenwart. Wenn ich die Liebe berühre, dann berühre ich einen Seelengefährten.

Glück und Trauer, Liebe und Schmerz

Das Leben mit meinem Seelenfreund kann wunderbar oder furchtbar sein oder auch beides gleichzeitig. Manchmal beginnt eine solche Beziehung mit viel Liebe und Glück, doch mit der Zeit werden Trauer und Schmerz daraus. Gelegentlich ist es auch umgekehrt, und wir müssen uns durch einen schwierigen Anfang hindurcharbeiten, um schließlich glücklich miteinander zu sein.

Das Versprechen der Seelenpartner

Mein Freund, ich liebe mich und nehme mich an, so, wie ich bin. Und du liebst dich und nimmst dich an, so, wie du bist. Dann kann ich dich lieben, wie du bist. Und du kannst mich lieben, wie ich bin.

Alles ist gut

Nicht „Alles wird gut" für die *Zukunft*. Sondern „Alles ist gut" für die *Gegenwart*! Ich bin liebenswert, einfach, weil ich da bin. Es gibt absolut keinen Grund, sich nicht zu lieben. Und es gibt absolut keinen Grund, dich nicht zu lieben.

Sich der Liebe hingeben

Manchmal sind es gerade die Schwierigkeiten, die wir miteinander haben, an denen wir geistig wachsen. Ich bin bereit, mich in der Liebe ganz hinzugeben, auch wenn damit die Gefahr einhergeht, verletzt zu werden.

Mein Herz hat einen Wunsch

Mein Herz hat einen Wunsch, den niemand erfüllen kann, nur mein Seelenpartner. Wo ein Wunsch und ein Wille zusammenkommen, ist alles möglich. Uns Liebenden öffnet sich eine neue Welt. Wir selbst sind eine neue Welt.

Die Vermählung zweier Seelen

Seelenvermählung ist etwas Mystisches. All das geschieht in mir, die Vereinigung meiner Seele mit dem Geist eines anderen Menschen, die Vereinigung zwischen dem, was ich zu sein glaube, und dem, was er wirklich ist.

Die ganz große, überströmende Liebe

Mein Herz wurde zum Ozean, Geliebter, seit du deine Liebe hereinströmen ließest.

Fragen und Wünsche an den Seelenfreund oder die Seelenfreundin

Fragen an den Seelenfreund

- Manchmal spüre ich, dass ein Engel über unsere Liebe wacht. Bemerkst du ihn auch gelegentlich?
- Welcher Lebensaufgabe würdest du dich gerne mit mir zusammen widmen?
- Manchmal spüre ich, dass unsere Beziehung unser Verhältnis zum Leben und zur Welt verändert hat. Erschreckt dich diese Vorstellung oder beflügelt sie dich?

Wo stehen wir in unserer Liebe?

- Haben wir in unserer Beziehung gelernt, einander wirklich mit dem Herzen zuzuhören?
- Warum leben wir nicht die Fülle unserer Liebe? Worauf warten wir noch – oder was hindert uns?
- Wenn du tiefen Schmerz verspürst, fühlst du dich dann von mir gehalten?
- Wenn du einer meiner Schattenseiten begegnest, was löst das in dir aus?

Wie Seelenfreunde sich besser kennenlernen können

- Wenn du drei typische Worte oder Begriffe für mich nennen müsstest, welche würdest du wählen? Und welche würde ich wohl für dich wählen?
- Weißt du eigentlich, welche drei Dinge mir in meinem Leben am wichtigsten sind?

- Welches sind die drei Eigenschaften, die typisch sind für unsere Beziehung? Sind wir vielleicht romantisch oder spirituell oder abenteuerlich? Welche Qualitäten fallen dir ein?
- Wenn Geld keine Rolle spielen würde – an welchen Ort der Welt möchtest du gerne mit mir reisen?

- Wenn du ein Lied für mich auswählen solltest – welches würdest du wählen?
- Wenn ich nicht bei dir sein kann – welchen Duft würdest du dann wählen, um dich an mich zu erinnern? Maiglöckchen? Lavendel? Rose? Lilien? Opium? Moschus?

Drei Wünsche an meinen Seelenfreund

- Lass uns über unsere Lebensträume, unsere Wünsche und Hoffnungen sprechen.
- Lass mir meine eigene, ganz persönliche Welt, ohne verletzt zu sein, weil du zu ihr keinen Zugang hast.
- Ich wünsche mir, dass du mir einmal ein Gedicht schreibst. Würdest du das tun?

Danke

Es ist schön mit dir, mein Seelenfreund, meine Seelenfreundin. Ich danke dir, dass du immer wieder meine Seele berührst.